T0348383

LA SOCIEDAD DE LOS AUTORES DESCONOCIDOS

ELÁN

AGUILAR

La sociedad de los autores desconocidos

Primera edición: noviembre, 2024

D. R. © 2024, Elán
D. R. © 2024, KLOKWERK, por la titularidad de los derechos patrimoniales

D. R. © 2024, derechos de edición mundiales en lengua castellana:
Penguin Random House Grupo Editorial, S. A. de C. V.
Blvd. Miguel de Cervantes Saavedra núm. 301, 1er piso,
colonia Granada, alcaldía Miguel Hidalgo, C. P. 11520,
Ciudad de México

penguinlibros.com

Diseño de interiores: Penguin Random House / Amalia Ángeles

Penguin Random House Grupo Editorial apoya la protección del *copyright*.
El *copyright* estimula la creatividad, defiende la diversidad en el ámbito de las ideas y el conocimiento,
promueve la libre expresión y favorece una cultura viva. Gracias por comprar una edición autorizada
de este libro y por respetar las leyes del Derecho de Autor y *copyright*. Al hacerlo está respaldando a los autores
y permitiendo que PRHGE continúe publicando libros para todos los lectores.

Queda prohibido bajo las sanciones establecidas por las leyes escanear, reproducir total o parcialmente esta obra
por cualquier medio o procedimiento así como la distribución de ejemplares
mediante alquiler o préstamo público sin previa autorización.
Si necesita fotocopiar o escanear algún fragmento de esta obra diríjase a CemPro
(Centro Mexicano de Protección y Fomento de los Derechos de Autor, https://cempro.com.mx).

ISBN: 978-607-385-088-9

Impreso en Colombia – *Printed in Colombia*

Este libro lo vamos a escribir juntos: tú y yo.
Es un ejercicio de conocimiento personal
diseñado para acompañarte en la aventura
que es tu existencia. Una herramienta
para reencontrarte y contestarte a
ti mismo sin escrúpulos ni conductas
sociales. Una conversación con tu yo del
pasado, del presente y del futuro.
Un récord de los contrastes de tu propia vida,
desde lo más trivial hasta lo más profundo.
Revivir y redescubrir con el fin de convertirte
en tu propio aliado, mejor amigo y confidente.
Sobre todo, el simple hecho de que muchos
de los acontecimientos que has vivido,
lejanos o cercanos, en términos del tiempo, se
pueden revivir afilando un poco la memoria.

En este libro no hay reglas, pero sí sugerencias:
que, aunque las páginas estén numeradas o existan
secciones, comiences por donde tú quieras.
Que lo uses para desahogarte y expresarte libremente
dependiendo de tu humor o estado de ánimo.
Que seas lo más honesto contigo
mismo y con tus respuestas.
Por último, que aprendas a apreciar el arte de lo
imperfecto, sin preocuparte por tu reputación,
por tu percepción personal, por tu letra o por
si tienes que tachar, borrar y volver a escribir.
De eso se trata la vida, esta es la tuya.
Si este libro te hace pensar, reflexionar,
contemplar, sonreír, reír, llorar o simplemente
recordar habrá cumplido su propósito.

TU

PAS

ADO

Comienza la cuenta regresiva.
Todos tenemos un pasado.
¿Te acuerdas del tuyo?

TUS PRIMEROS RECUERDOS:

_____

_____

_____

_____

_____

_____

_____

_____

_____

_____

_____

_____

¿CÓMO DESCRIBIRÍAS TU INFANCIA?

_____

_____

_____

_____

_____

_____

_____

_____

_____

_____

_____

_____

_____

_____

PERSONAS FAVORITAS DE TU NIÑEZ:

COSAS DE LAS QUE TE ARREPIENTES:

¿QUÉ EXTRAÑAS DE SER NIÑO?

_____

_____

_____

_____

_____

_____

_____

_____

_____

_____

_____

_____

_____

_____

COSAS QUE NO EXTRAÑAS DE SER NIÑO:

_____

_____

_____

_____

_____

_____

_____

_____

_____

_____

_____

_____

_____

¿QUÉ SOÑABAS SER DE GRANDE?

TUS MIEDOS DEL PASADO:

TUS LIBROS FAVORITOS:

_____

_____

_____

_____

_____

_____

_____

_____

_____

_____

_____

_____

_____

TUS PELÍCULAS FAVORITAS:

_____

_____

_____

_____

_____

_____

_____

_____

_____

_____

_____

_____

_____

DESCRIBE A TU PRIMER CRUSH:

_____

_____

_____

_____

_____

_____

_____

_____

_____

_____

_____

_____

_____

TUS PRIMEROS AMORES:

_____

_____

_____

_____

_____

_____

_____

_____

_____

_____

_____

_____

PRIMERA PERSONA QUE TE ROMPIÓ EL CORAZÓN:

¿CÓMO ERA TU ESTILO A LOS 13 AÑOS?

RECUERDOS QUE PREFERIRÍAS BORRAR:

_____

_____

_____

_____

_____

_____

_____

_____

_____

_____

_____

_____

_____

¿QUIÉNES ERAN TUS ÍDOLOS?

PERSONAS A QUIENES ADMIRABAS:

RECUERDOS FAVORITOS DE TUS PADRES:

RECUERDOS FAVORITOS DE TUS ABUELOS:

_____

_____

_____

_____

_____

_____

_____

_____

_____

_____

_____

_____

_____

_____

RECUERDOS FAVORITOS DE TUS HERMANOS:

_____

_____

_____

_____

_____

_____

_____

_____

_____

_____

_____

_____

_____

TUS MASCOTAS FAVORITAS:

_____

_____

_____

_____

_____

_____

_____

_____

_____

_____

_____

_____

SITUACIONES QUE TE INCOMODARON:

_____

_____

_____

_____

_____

_____

_____

_____

_____

_____

_____

_____

LOS MEJORES CUMPLEAÑOS DE TU INFANCIA:

LOS VIAJES MÁS DIVERTIDOS EN FAMILIA:

LAS MEJORES AVENTURAS CON TUS AMIGOS:

_____

_____

_____

_____

_____

_____

_____

_____

_____

_____

_____

_____

ESCUELAS Y UNIVERSIDADES DONDE ESTUDIASTE:

_____

_____

_____

_____

_____

_____

_____

_____

_____

_____

_____

_____

_____

MAESTROS FAVORITOS:

¿CUÁLES ERAN TUS DEPORTES FAVORITOS?

SI PUDIERAS REGRESAR EN EL TIEMPO, ¿QUÉ CAMBIARÍAS?

SI PUDIERAS REGRESAR EN EL TIEMPO, ¿QUÉ HUBIERAS HECHO DIFERENTE?

_____

_____

_____

_____

_____

_____

_____

_____

_____

_____

_____

_____

_____

_____

COSAS QUE TE RECUERDAN AL LUGAR DONDE CRECISTE:

_____

_____

_____

_____

_____

_____

_____

_____

_____

_____

_____

_____

_____

RECUERDOS QUE BORRARÍAS SI PUDIERAS:

_____

_____

_____

_____

_____

_____

_____

_____

_____

_____

_____

_____

RECUERDOS QUE TE HACEN FELIZ:

MEMORIAS QUE TE PONEN TRISTE:

AÑOS QUE MARCARON ETAPAS
IMPORTANTES EN TU VIDA:

_____

_____

_____

_____

_____

_____

_____

_____

_____

_____

_____

_____

COSAS QUE DEJASTE EN EL PASADO:

LOS MEJORES CONCIERTOS DE TU VIDA:

PERSONAS QUE SIEMPRE CREYERON EN TI:

PERSONAS QUE NUNCA CREYERON EN TI:

_____

_____

_____

_____

_____

_____

_____

_____

_____

_____

_____

_____

_____

CONSEJOS QUE LE DARÍAS A TU YO
DE HACE 15 AÑOS:

_____

_____

_____

_____

_____

_____

_____

_____

_____

_____

_____

_____

_____

_____

PRIMERA VEZ QUE CACHASTE UNA MENTIRA:

PRIMERA VEZ QUE TE CACHARON EN UNA MENTIRA:

_____

_____

_____

_____

_____

_____

_____

_____

_____

_____

_____

_____

NO TE ESTOY ACUSANDO, PERO...
¿ALGUNA VEZ HAS ROBADO ALGO?

ALGUNA VEZ QUE ROMPISTE UNA PROMESA:

PRIMERA VEZ QUE SUPISTE QUE TE HABÍAS EQUIVOCADO:

_____

_____

_____

_____

_____

_____

_____

_____

_____

_____

_____

_____

_____

PRIMERA VEZ QUE ESTUVISTE SEGURO DE QUE HABÍAS HECHO LO CORRECTO:

_____

_____

_____

_____

_____

_____

_____

_____

_____

_____

_____

_____

_____

¿QUÉ TENDRÍAS QUE HACER PARA SANAR TU PASADO?

ESCRIBE UNA CARTA A TU YO DEL PASADO:

CONTINÚA AQUÍ TU CARTA:

CONTINÚA AQUÍ TU CARTA:

TU
PRES

ENTE

Tu vida importa... Cada capítulo y
cada detalle de cómo llegaste a ser
la persona que eres hoy le dan forma
al rompecabezas de tu historia.
Hay preguntas que nadie puede
contestar por ti, pues sólo tú tienes
las respuestas.

TUS MAYORES LOGROS:

_____

_____

_____

_____

_____

_____

_____

_____

_____

_____

_____

_____

_____

TUS GRANDES FRACASOS:

_____

_____

_____

_____

_____

_____

_____

_____

_____

_____

_____

_____

_____

ALGUNA VEZ EN QUE SENTISTE DESPRECIO Y POR QUÉ:

_____

_____

_____

_____

_____

_____

_____

_____

_____

_____

_____

_____

COSAS QUE TE DA GUSTO
HABER APRENDIDO:

_____

_____

_____

_____

_____

_____

_____

_____

_____

_____

_____

_____

_____

ÚLTIMA VEZ QUE LLORASTE Y POR QUÉ:

VECES EN LAS QUE PEDISTE PERMISO:

ALGUNA VEZ QUE PEDISTE DISCULPAS:

ÚLTIMA PROMESA QUE CUMPLISTE:

_____

_____

_____

_____

_____

_____

_____

_____

_____

_____

_____

_____

_____

¿CUÁNDO FUE LA ÚLTIMA VEZ QUE TE ENAMORASTE?

COSAS QUE LE ADVERTIRÍAS A TU YO DE HACE 10 AÑOS:

ESTUPIDECES QUE NUNCA QUIERES VOLVER A COMETER:

_____

_____

_____

_____

_____

_____

_____

_____

_____

_____

_____

_____

_____

¿QUÉ TE HACE DIFERENTE A LOS DEMÁS?

_____

_____

_____

_____

_____

_____

_____

_____

_____

_____

_____

_____

_____

¿QUÉ COSAS TE SACAN DE QUICIO Y POR QUÉ?

_____

_____

_____

_____

_____

_____

_____

_____

_____

_____

_____

_____

_____

¿DE QUÉ TE SIENTES CULPABLE?

_____

_____

_____

_____

_____

_____

_____

_____

_____

_____

_____

_____

_____

¿QUIÉN CONOCE TUS SECRETOS MÁS OSCUROS Y POR QUÉ?

SI SUPIERAS QUE TE VAS A MORIR MAÑANA,
¿QUÉ HARÍAS CON EL TIEMPO QUE TE QUEDA?

¿QUIÉN TE HACE FELIZ?

_____

_____

_____

_____

_____

_____

_____

_____

_____

_____

_____

_____

_____

¿QUÉ TE QUITA LA PAZ?

_____

_____

_____

_____

_____

_____

_____

_____

_____

_____

_____

_____

¿QUÉ HARÍAS SI TE GANARAS LA LOTERÍA?

SI TE ENCONTRARAS UNA CARTERA EN LA CALLE, ¿INTENTARÍAS BUSCAR AL PROPIETARIO? ¿POR QUÉ SÍ O POR QUÉ NO? (contesta honestamente)

PENSAMIENTOS INTRUSIVOS:

_____

_____

_____

_____

_____

_____

_____

_____

_____

_____

_____

_____

_____

SI NO FUERAS TÚ, ¿QUÉ OPINARÍAS DE TI MISMO?

_____

_____

_____

_____

_____

_____

_____

_____

_____

_____

_____

_____

COSAS QUE QUISIERAS CAMBIAR DE TI:

_____

_____

_____

_____

_____

_____

_____

_____

_____

_____

_____

_____

_____

¿QUÉ QUISIERAS LLEGAR A TENER?

_____

_____

_____

_____

_____

_____

_____

_____

_____

_____

_____

_____

¿QUÉ COMPRARÍAS EN ESTE MOMENTO SI EL DINERO NO IMPORTARA?

¿CÓMO DESCRIBIRÍAS ESTA ETAPA DE TU VIDA?

COSAS ESENCIALES SIN LAS QUE NO PUEDES VIVIR:

_____

_____

_____

_____

_____

_____

_____

_____

_____

_____

_____

_____

¿QUÉ LE FALTA AL MUNDO?

¿QUÉ LE SOBRA AL MUNDO?

SI PUDIERAS REGRESAR A UNA ETAPA EN
PARTICULAR DE TU VIDA, ¿CUÁL SERÍA?

DIEZ COSAS QUE NO TE ARREPIENTES DE HABER COMPRADO:

_____

_____

_____

_____

_____

_____

_____

_____

_____

_____

_____

_____

¿QUÉ APRENDISTE DE LOS ÚLTIMOS 10 AÑOS DE TU VIDA?

_____

_____

_____

_____

_____

_____

_____

_____

_____

_____

_____

_____

_____

COSAS QUE HAN HECHO POR TI QUE JAMÁS OLVIDARÁS:

_____

_____

_____

_____

_____

_____

_____

_____

_____

_____

_____

_____

_____

COSAS QUE TE DA GUSTO HABER HECHO POR OTROS:

_____

_____

_____

_____

_____

_____

_____

_____

_____

_____

_____

_____

_____

¿QUÉ TE FALTA PARA SER FELIZ?

¿QUÉ LES DIRÍAS A TUS EX?

LISTA DE PERSONAS A QUIENES LES MENTARÍAS LA MADRE:

_____

_____

_____

_____

_____

_____

_____

_____

_____

_____

_____

_____

_____

PERSONAS QUE TE CAMBIARON LA VIDA:

_____

_____

_____

_____

_____

_____

_____

_____

_____

_____

_____

¿QUIÉN TE CAE MAL Y POR QUÉ?

¿QUIÉN PENSABAS QUE TE CAERÍA MAL Y TERMINÓ CAYÉNDOTE BIEN?

LISTA DE PERSONAS QUE SIEMPRE TE CAYERON MAL, PERO TUVISTE QUE FINGIR QUE TE CAÍAN BIEN:

_____

_____

_____

_____

_____

_____

_____

_____

_____

_____

_____

_____

TUS MEJORES AMIGOS:

_____

_____

_____

_____

_____

_____

_____

_____

_____

_____

_____

_____

_____

_____

PERSONAS QUE NO QUIERES VOLVER A VER:

_____

_____

_____

_____

_____

_____

_____

_____

_____

_____

_____

_____

PERSONAS QUE TE HICIERON DAÑO O TE LASTIMARON:

_____

_____

_____

_____

_____

_____

_____

_____

_____

_____

_____

_____

LAS CITAS MÁS INCÓMODAS DE TU VIDA:

PARIENTES FAVORITOS:

PARIENTES CON QUIENES NO TE LLEVAS:

_____

_____

_____

_____

_____

_____

_____

_____

_____

_____

_____

_____

_____

CINCO AMIGOS QUE SON LO MEJOR PORQUE SON LO PEOR:

CINCO PERSONAS QUE SON UNA TERRIBLE INFLUENCIA EN TU VIDA, PERO QUE SON MUY DIVERTIDAS:

LISTA DE PERSONAS A QUIENES EXTRAÑAS:

¿QUÉ LES DIRÍAS A LAS PERSONAS QUE TE ROMPIERON EL CORAZÓN?

_____

_____

_____

_____

_____

_____

_____

_____

_____

_____

_____

_____

CUALIDADES DE TUS MEJORES AMIGOS:

_____

_____

_____

_____

_____

_____

_____

_____

_____

_____

_____

_____

_____

_____

DEFECTOS DE TUS MEJORES AMIGOS:

_____

_____

_____

_____

_____

_____

_____

_____

_____

_____

_____

_____

_____

COSAS QUE NO VOLVERÁS A PERMITIR EN UNA RELACIÓN O AMISTAD:

COSAS QUE QUERÍAS DECIRLES A CIERTAS
PERSONAS, PERO QUE TE QUEDASTE CON
LAS GANAS:

DESCRIBE LA RELACIÓN CON TUS PADRES:

¿QUÉ LES DIRÍAS A TUS PADRES SI LOS TUVIERAS ENFRENTE?

_____

_____

_____

_____

_____

_____

_____

_____

_____

_____

_____

_____

_____

COSAS QUE APRENDISTE DE TUS ABUELOS:

_____

_____

_____

_____

_____

_____

_____

_____

_____

_____

_____

_____

EL MEJOR SEXO DE TU VIDA:

SUEÑOS O PESADILLAS QUE RECUERDAS CON DETALLE Y CLARIDAD:

OLORES QUE TE RECUERDAN A CIERTAS PERSONAS:

_____

_____

_____

_____

_____

_____

_____

_____

_____

_____

_____

_____

_____

COLORES FAVORITOS:

_____

_____

_____

_____

_____

_____

_____

_____

_____

_____

_____

_____

_____

SI TUVIERAS UN SUPERPODER, ¿CUÁL SERÍA?

CAMBIOS POSITIVOS QUE HAS HECHO EN TU VIDA:

_____

_____

_____

_____

_____

_____

_____

_____

_____

_____

_____

_____

_____

TU RUTINA DE CADA DÍA INCLUYE:

TALENTOS:

TALENTOS QUE TE HUBIERA GUSTADO TENER:

_____

_____

_____

_____

_____

_____

_____

_____

_____

_____

_____

_____

_____

PASATIEMPOS FAVORITOS:

_____

_____

_____

_____

_____

_____

_____

_____

_____

_____

_____

_____

¿QUÉ TE INSPIRA?

ESCRITORES FAVORITOS:

NOTICIAS RECIENTES QUE TE HAYAN IMPRESIONADO:

_____

_____

_____

_____

_____

_____

_____

_____

_____

_____

_____

_____

_____

MOMENTOS EN LOS QUE TUVISTE QUE SER VALIENTE:

_____

_____

_____

_____

_____

_____

_____

_____

_____

_____

_____

_____

_____

MOMENTOS EN LOS QUE DEBISTE SER MÁS VALIENTE DE LO QUE FUISTE:

PALABRAS FAVORITAS:

_____

_____

_____

_____

_____

_____

_____

_____

_____

_____

_____

_____

_____

COSAS QUE SALVARÍAS DE TU CASA SI
SE ESTUVIERA INCENDIANDO:

¿QUÉ TE HACE SENTIR VIVO?

¿CÓMO TE SIENTES HOY?
CIRCULA LA RESPUESTA.

Tranquilo

Calmado

Sereno

Nervioso

Ansioso

Desesperado

Solo

Desolado

Anhelante

Emocionado

Triste

Con claridad

Feliz

¿QUÉ SUCEDIÓ EL MEJOR DÍA DE TU VIDA?

_____

_____

_____

_____

_____

_____

_____

_____

_____

_____

_____

_____

COSAS QUE TE RELAJAN:

CANCIONES QUE TE DA PENA ADMITIR QUE TE GUSTAN:

DISCOS O ARTISTAS QUE CAMBIARON TU VIDA:

_____

_____

_____

_____

_____

_____

_____

_____

_____

_____

_____

_____

_____

COSAS QUE TE IMPORTAN:

_____

_____

_____

_____

_____

_____

_____

_____

_____

_____

_____

_____

COSAS QUE YA NO TE IMPORTAN:

_____

_____

_____

_____

_____

_____

_____

_____

_____

_____

_____

_____

TUS MAYORES DEFECTOS:

_____

_____

_____

_____

_____

_____

_____

_____

_____

_____

_____

_____

TUS MEJORES CUALIDADES:

PENSAMIENTOS POSITIVOS:

PENSAMIENTOS NEGATIVOS:

_____

_____

_____

_____

_____

_____

_____

_____

_____

_____

_____

_____

_____

OLORES FAVORITOS:

_____

_____

_____

_____

_____

_____

_____

_____

_____

_____

_____

_____

SABORES FAVORITOS:

LAS MEJORES AVENTURAS CON TUS AMIGOS:

TRABAJOS QUE HUBIERAS PREFERIDO TENER EN VEZ DEL QUE AHORA TIENES:

_____

_____

_____

_____

_____

_____

_____

_____

_____

_____

_____

_____

_____

¿QUÉ TE GUSTA HACER CUANDO ESTÁS A SOLAS?

_____

_____

_____

_____

_____

_____

_____

_____

_____

_____

_____

_____

_____

MOMENTOS HISTÓRICOS QUE HAS VIVIDO:

COSAS QUE TE GUSTARÍA VOLVER A EXPERIMENTAR:

_____

_____

_____

_____

_____

_____

_____

_____

_____

_____

_____

_____

MIEDOS NO SUPERADOS:

MIEDOS SUPERADOS:

EXPERIENCIAS ESPIRITUALES QUE HAS VIVIDO:

_____

_____

_____

_____

_____

_____

_____

_____

_____

_____

_____

_____

EXPERIENCIAS PARANORMALES QUE HAS VIVIDO:

_____

_____

_____

_____

_____

_____

_____

_____

_____

_____

_____

_____

_____

ARTISTAS FAVORITOS:

PAÍSES FAVORITOS:

CIUDADES FAVORITAS:

_____

_____

_____

_____

_____

_____

_____

_____

_____

_____

_____

_____

_____

_____

RESTAURANTES FAVORITOS:

_____

_____

_____

_____

_____

_____

_____

_____

_____

_____

_____

_____

_____

BARES FAVORITOS:

_____

_____

_____

_____

_____

_____

_____

_____

_____

_____

_____

_____

LUGARES SURREALES QUE HAS VISITADO:

_____

_____

_____

_____

_____

_____

_____

_____

_____

_____

_____

_____

MEJORES DECISIONES Y POR QUÉ:

PEORES DECISIONES Y POR QUÉ:

SI TU VIDA FUERA UN AUTO Y TÚ ESTUVIERAS AL VOLANTE, ¿QUÉ NIVEL DE CONTROL CONSIDERAS QUE TENDRÍAS SOBRE ESE COCHE?
CIRCULA LA RESPUESTA.

Máximo control

Buen control

Control suficiente para llegar

a mi próximo destino

No sé conducir, pero lo más probable

es que llegaría de un punto A

a un punto B

Lento pero seguro

Cero control

ESCRIBE UNA CARTA A TU *YO* DEL PRESENTE:

_____

_____

_____

_____

_____

_____

_____

_____

_____

_____

_____

_____

_____

CONTINÚA AQUÍ TU CARTA:

_____

_____

_____

_____

_____

_____

_____

_____

_____

_____

_____

_____

_____

CONTINÚA AQUÍ TU CARTA:

_____

_____

_____

_____

_____

_____

_____

_____

_____

_____

_____

_____

TU

FUT

Caminante, no hay camino, se hace camino al andar.

ANTONIO MACHADO

URO

Tal vez hoy no me lo creas, pero todo lo que llegue a sucederte algún día dependerá exclusivamente de ti.

¿CÓMO QUISIERAS QUE TE RECORDARAN?

SI QUIERES TENER HIJOS, ¿CUÁNTOS TE GUSTARÍA TENER Y CÓMO SE LLAMARÍAN?

SI TUVIERAS HIJOS, ¿QUÉ ES LO QUE MÁS AMARÍAS DE TENERLOS?

_____

_____

_____

_____

_____

_____

_____

_____

_____

_____

_____

_____

_____

SI QUIERES CASARTE, DESCRIBE A LA PERSONA CON QUIEN LO HARÍAS:

_____

_____

_____

_____

_____

_____

_____

_____

_____

_____

_____

_____

CANCIONES QUE BAILARÁS O BAILASTE EN TU BODA:

_____

_____

_____

_____

_____

_____

_____

_____

_____

_____

_____

_____

SI ESTÁS CASADO, ¿QUÉ ES LO QUE MÁS AMAS DE TU PAREJA?

SI YA INTENTASTE EL MATRIMONIO Y NO
FUNCIONÓ, ¿QUÉ LECCIONES APRENDISTE?

METAS PARA EL FUTURO:

LISTA DE INVITADOS A TU FUNERAL:

_____

_____

_____

_____

_____

_____

_____

_____

_____

_____

_____

_____

_____

EL *SOUNDTRACK* DE TU VIDA DEBE INCLUIR LAS SIGUIENTES CANCIONES:

_____

_____

_____

_____

_____

_____

_____

_____

_____

_____

_____

_____

LUGARES DONDE TE GUSTARÍA VIVIR:

LUGARES QUE TODO EL MUNDO QUIERE
VISITAR, PERO QUE A TI NO PUEDEN
IMPORTARTE MENOS:

¿QUÉ ES LO MÁS IMPORTANTE QUE TIENES QUE RESOLVER EN UN FUTURO CERCANO?

COSAS QUE TE EMOCIONAN DEL FUTURO:

_____

_____

_____

_____

_____

_____

_____

_____

_____

_____

_____

_____

_____

COSAS QUE TE PREOCUPAN DEL FUTURO:

_____

_____

_____

_____

_____

_____

_____

_____

_____

_____

_____

_____

¿CÓMO TE IMAGINAS QUE SERÁS EN 20 AÑOS?

_____

_____

_____

_____

_____

_____

_____

_____

_____

_____

_____

_____

COSAS QUE TE FALTA CUMPLIR:

CONSEJOS QUE TE SERVIRÁN
PARA TODA LA VIDA:

A QUÉ TE QUISIERAS DEDICAR O, SI
YA TIENES UNA CARRERA, ¿QUÉ OTRA
PROFESIÓN TE GUSTARÍA EXPLORAR?

_____

_____

_____

_____

_____

_____

_____

_____

_____

_____

_____

_____

_____

COSAS QUE TE FALTA APRENDER:

_____

_____

_____

_____

_____

_____

_____

_____

_____

_____

_____

_____

_____

UN MENSAJE QUE JAMÁS ENVIARÁS:

HÁBITOS QUE QUISIERAS CAMBIAR:

COSAS POR LAS CUALES TE SIENTES AGRADECIDO:

_____

_____

_____

_____

_____

_____

_____

_____

_____

_____

_____

_____

_____

UN DÍA PERFECTO SERÍA:

_____

_____

_____

_____

_____

_____

_____

_____

_____

_____

_____

_____

_____

COSAS QUE TE GUSTARÍA LOGRAR:

_____

_____

_____

_____

_____

_____

_____

_____

_____

_____

_____

_____

_____

COSAS QUE TE GUSTARÍA LLEGAR A TENER:

TU PAREJA IDEAL DEBERÁ TENER LAS
SIGUIENTES CUALIDADES:

COSAS QUE ESTÁS DISPUESTO A CAMBIAR:

COSAS QUE NO ESTÁS DISPUESTO A CAMBIAR:

_____

_____

_____

_____

_____

_____

_____

_____

_____

_____

_____

_____

_____

ACTORES Y DIRECTORES QUE FORMARÍAN PARTE DE LA PELÍCULA DE TU VIDA:

_____

_____

_____

_____

_____

_____

_____

_____

_____

_____

_____

_____

_____

¿QUÉ COSAS TENDRÍAN QUE SUCEDER PARA CONSTRUIR EL FUTURO QUE ANHELAS?

ESCRIBE UNA CARTA A TU YO DEL FUTURO:

CONTINÚA AQUÍ TU CARTA:

CONTINÚA AQUÍ TU CARTA: